formes

JOHN J. REISS

Pour la présente édition :

© hélium / Actes Sud, 2015
Publié avec l'accord de Simon & Schuster Books for Young Readers
An imprint of Simon & Schuster Publishing Division
1230 Avenue of the Americas, New York, NY 10020
Pour l'édition originale : © 1974, John J. Reiss

Loi n° 49 956 du 16 juillet 1949
sur les publications destinées à la jeunesse
helium-editions.fr/

N° d'édition : JE 236
ISBN : 978-2-33005-256-0

Dépôt légal : second semestre 2015
Réalisation : Atelier Philippe Bretelle
Imprimé par Toppan Leefung en Chine en avril 2015

À Jimmy Dinsch, Adam Spangler et Maria Esther Herrera

carrés

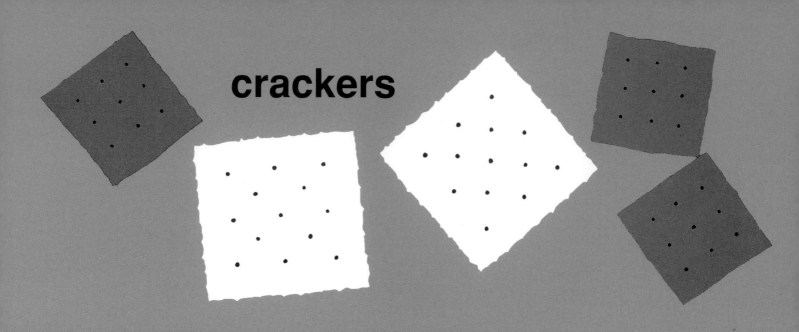

crackers

échiquier

drapeaux

fenêtres

les carrés forment
des cubes

triangles

voiles

pointes
de flèches

pics de montagnes

tentes

les triangles forment des pyramides

cercles

boutons

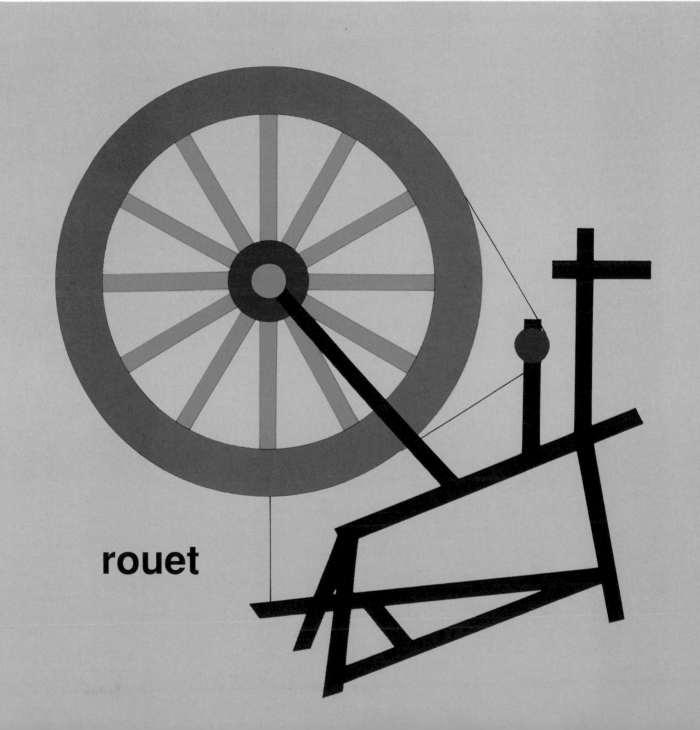

rouet

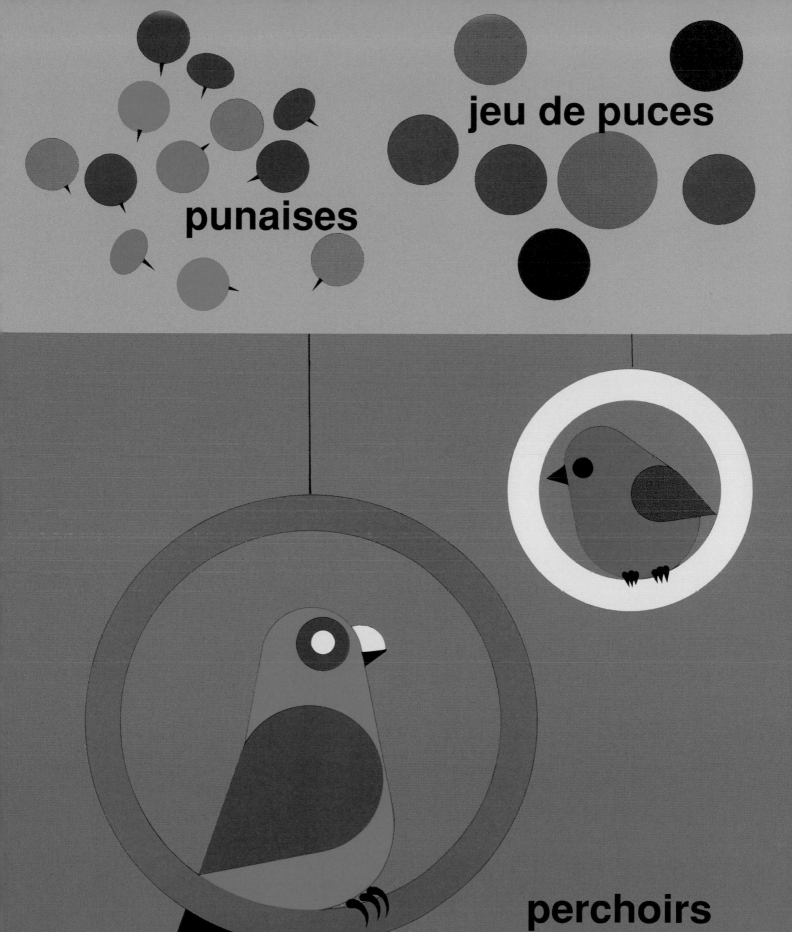

les cercles forment des sphères

rectangles

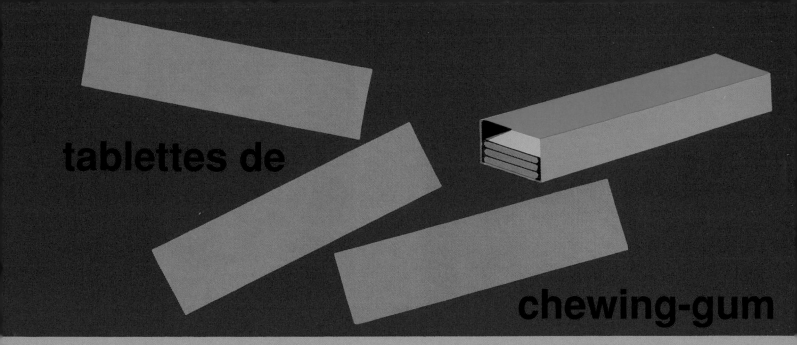

tablettes de

chewing-gum

portes

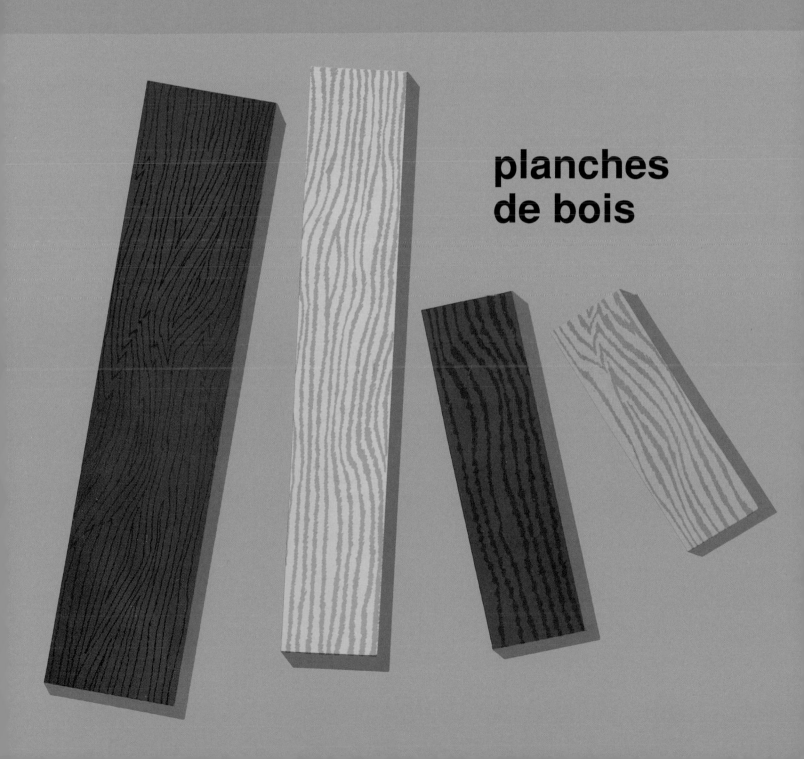

briques

planches
de bois

ovales

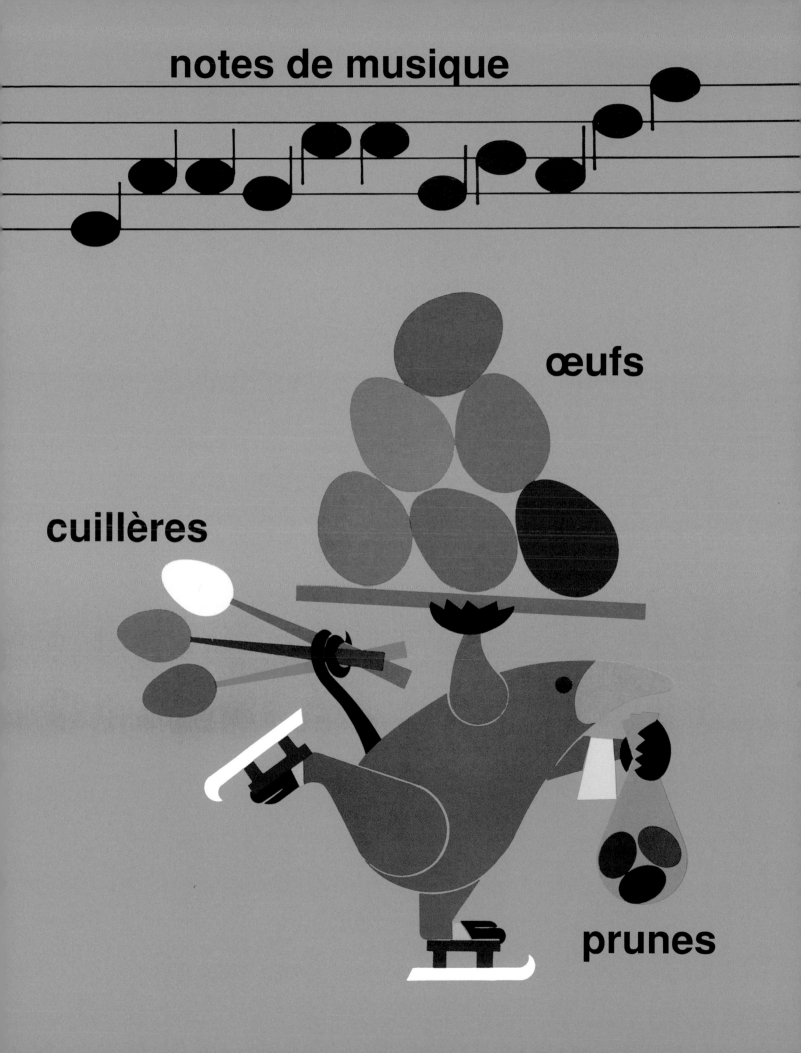

plus de formes

pentagones

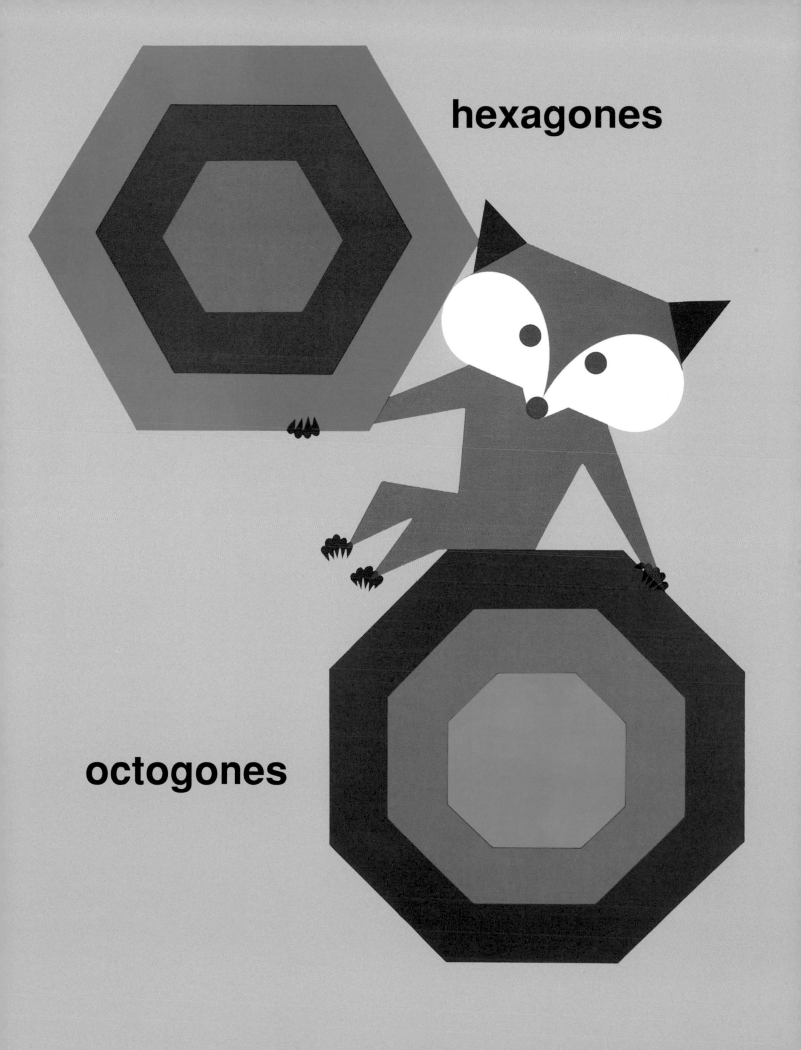

hexagones

octogones

les côtés